AF188457

Impressum
Verlag: BABADADA GmbH, Nedderfeld 112 , 22529 Hamburg
Geschäftsführer / Verlagsleitung: Harald Hof
Druck: Books on Demand GmbH, In de Tarpen 42, 22848 Norderstedt

Imprint
Publisher: BABADADA GmbH, Nedderfeld 112 , 22529 Hamburg, Germany
Managing Director / Publishing direction: Harald Hof
Print: Books on Demand GmbH, In de Tarpen 42, 22848 Norderstedt, Germany

Šola
sekolah

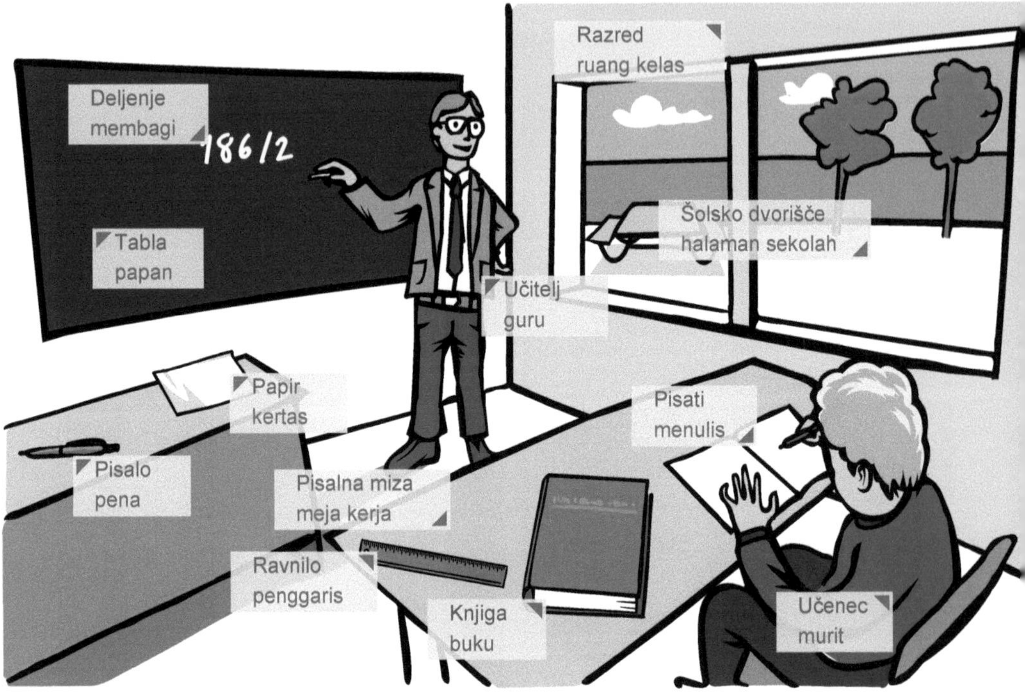

Razred
ruang kelas
Deljenje
membagi
186/2
Tabla
papan
Šolsko dvorišče
halaman sekolah
Učitelj
guru
Papir
kertas
Pisati
menulis
Pisalo
pena
Pisalna miza
meja kerja
Ravnilo
penggaris
Knjiga
buku
Učenec
murit

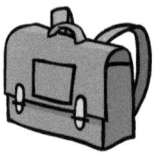

Šolska torba
....
tas sekolah

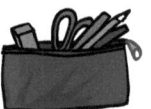

Peresnica
....
tempat pensil

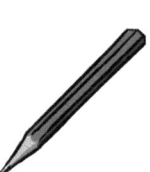

Svinčnik
....
pensil

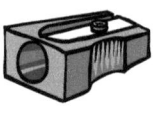

Šilček
....
pengasah pensil

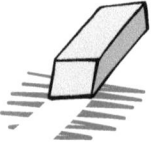

Radirka
....
penghapus

Risalni blok
....
kertas gambar

Risba

gambar

Čopič

kuas

Vodene barvice

kotak cat

Škarje

gunting

Lepilo

lem

Zvezek

buku latihan

Domača naloga

pekerjaan rumah

12

Število

angka

2+2

Seštevanje

tambhakan

5-2

Odštevanje

mengurangi

2×2

Množenje

mengalikan

Računanje

menghitung

Črka

huruf

**ABCDEFG
HIJKLMN
OPQRSTU
VWXYZ**

Abeceda

alfabet

Beseda

kata

Besedilo
teks

Brati
membaca

Kreda
kapur

Učna ura
pelajaran

Redovalnica
daftar

Preizkus znanja
ujian

Spričevalo
sertifikat

Šolska uniforma
seragam sekolah

Izobrazba
pendidikan

Enciklopedija
ensiklopedi

Univerza
universitas

Mikroskop
mikroskop

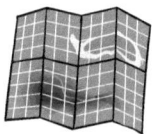

Zemljevid
peta

Koš za smeti
tempat sampah

Potovanje
perjalanan

Hotel
hotel
Hostel
hostel
ROOMS
EXCHANGE
Menjalnica
kantor pertukaran mata uang
Kovček
koper
Avtomobil
mobil

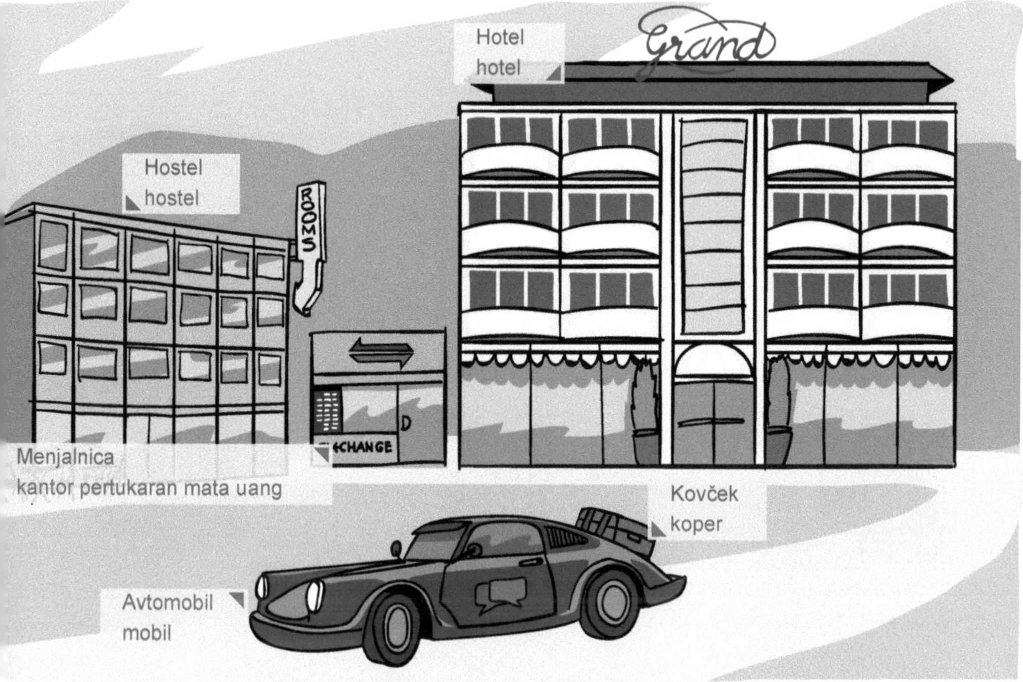

Jezik
bahasa

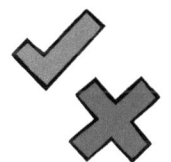

da / ne
ya / tidak

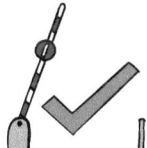

Prav
okay

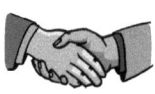

Pozdravljeni
hallo

Prevajalec
penerjemah

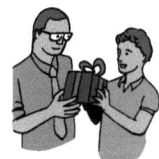

Hvala
terima kasih

Koliko stane…?

Berapa harganya…?

Ne razumem

saya tidak mengerti

Težava

masalah

Dober večer!

Selamat malam!

Dobro jutro!

Selamat siang!

Lahko noč!

Selamat tidur!

Nasvidenje

sampai jumpa

Smer

arah

Prtljaga

bagasi

Torba

tas

Nahrbtnik

ransel

Gost

tamu

Soba

ruang

Spalna vreča

kantong tidur

Šotor

tenda

Turistične informacije

informasi wisata

Plaža

pantai

Kreditna kartica

kartu kredit

Zajtrk

sarapan

Kosilo

makan siang

Večerja

makan malam

Vozovnica

tiket

Dvigalo

elevator

Znamka

perangko

Meja

perbatasan

Carina

cukai

Veleposlaništvo

kedutaan

Vizum

visa

Potni list

paspor

Prevoz

transportasi

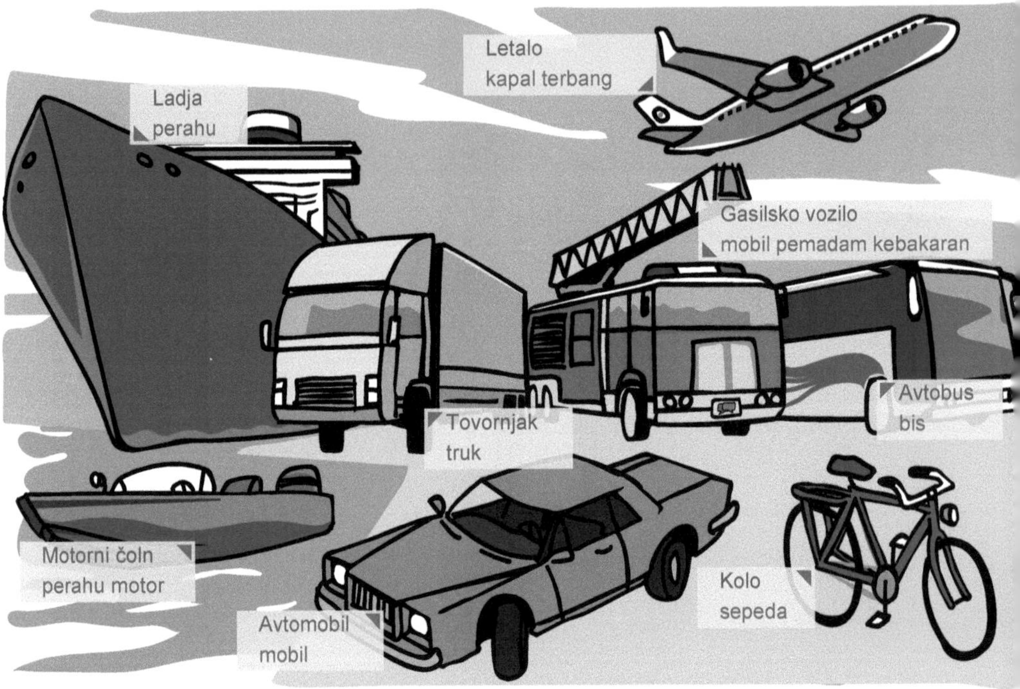

Letalo
kapal terbang
Ladja
perahu
Gasilsko vozilo
mobil pemadam kebakaran
Avtobus
bis
Tovornjak
truk
Motorni čoln
perahu motor
Kolo
sepeda
Avtomobil
mobil

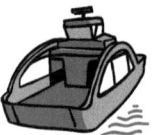

Trajekt

feri

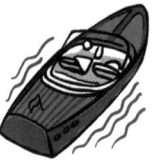

Čoln

perahu

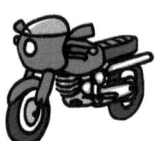

Motorno kolo

sepeda motor

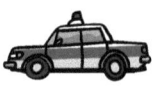

Policijski avto

mobil polisi

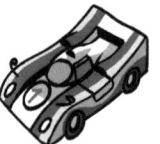

Dirkalni avto

mobil balapan

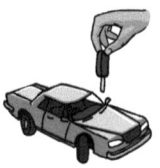

Najeto vozilo

mobil sewa

Souporaba avtomobila

berbagi mobil

Avtovleka

truk derek

Smetarsko vozilo

truk sampah

Motor

motor

Gorivo

bahan bakar

Bencinska postaja

bensin

Prometni znak

tanda lalulintas

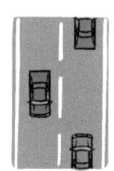

Promet

lalulintas

Zastoj

macet

Parkirišče

parkir mobil

Železniška postaja

stasiun kereta

Tirnice

trek

Vlak

kereta api

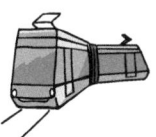

Tramvaj

tram

Vagon

gerobak

Helikopter

helikopter

Letališče

bendara

Stolp

menara

Potnik

penumpang

Kontejner

container

Karton

karton

Voziček

troli

Košara

keranjang

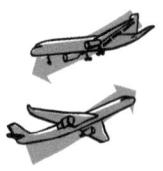

vzleteti / pristati

berangkat / mendarat

Mesto
kota

Vas

desa

Mestno jedro

pusat kota

Hiša

rumah

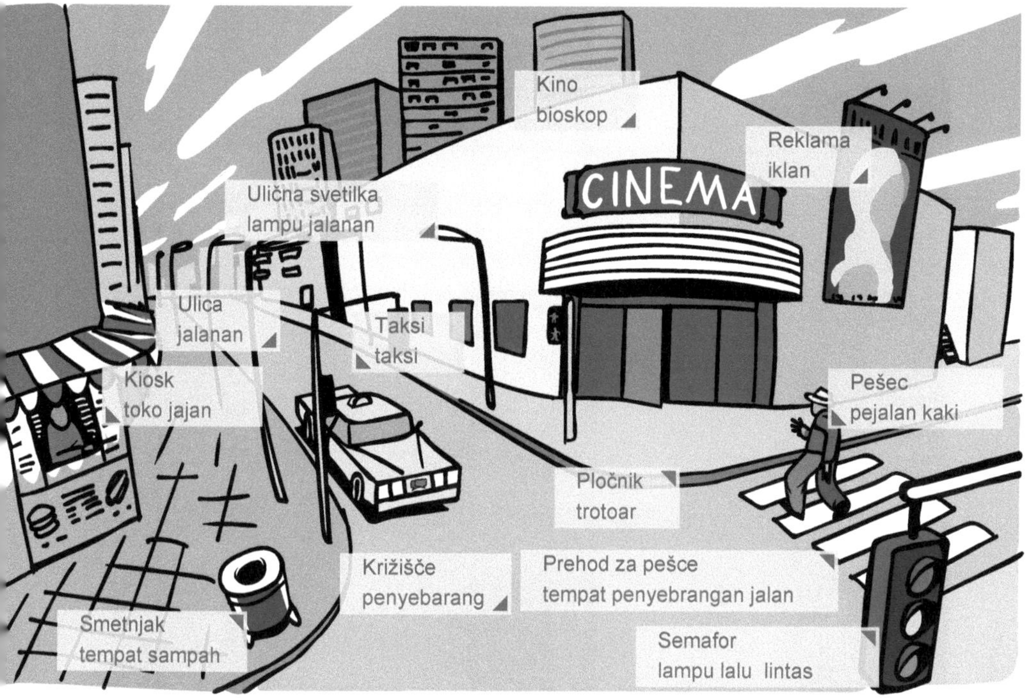

Kino
bioskop

Reklama
iklan

Ulična svetilka
lampu jalanan

CINEMA

Ulica
jalanan

Taksi
taksi

Kiosk
toko jajan

Pešec
pejalan kaki

Pločnik
trotoar

Križišče
penyebarang

Prehod za pešce
tempat penyebrangan jalan

Smetnjak
tempat sampah

Semafor
lampu lalu lintas

Koča

gubuk

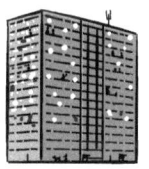

Stanovanje

rumah flat

Železniška postaja

stasiun kereta

Mestna hiša

balai kota

Muzej

museum

Šola

sekolah

Univerza

universitas

Banka

bank

Bolnišnica

rumah sakit

Hotel

hotel

Lekarna

farmasi

Pisarna

kantor

Knjigarna

toko buku

Trgovina

toko

Cvetličarna

toko bunga

Supermarket

supermarket

Tržnica

pasar

Veleblagovnica

toko serba ada

Ribarnica

nelayan

Nakupovalno središče

pusat belanja

Pristanišče

pelabuhan

Park

taman

Klop

banku

Most

jembatan

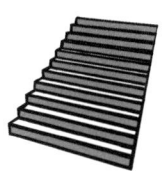

Stopnice

tangga

Podzemna železnica

kereta bawah tanah

Predor

terowongan

Avtobusno postajališče

pemberhantian bis

Bar

bar

Restavracija

restauran

Poštni nabiralnik

kotak surat

Ulična tabla

tanda jalan

Parkirna ura

meteran parkir

Živalski vrt

kebun binatang

Kopališče

kolam renang

Mošeja

mesjid

Kmetija
pertanian

Onesnaževanje
polusi

Pokopališče
kuburan

Cerkev
gereja

Otroško igrišče
tempat bermain

Tempelj
pura

Pokrajina
pemandangan

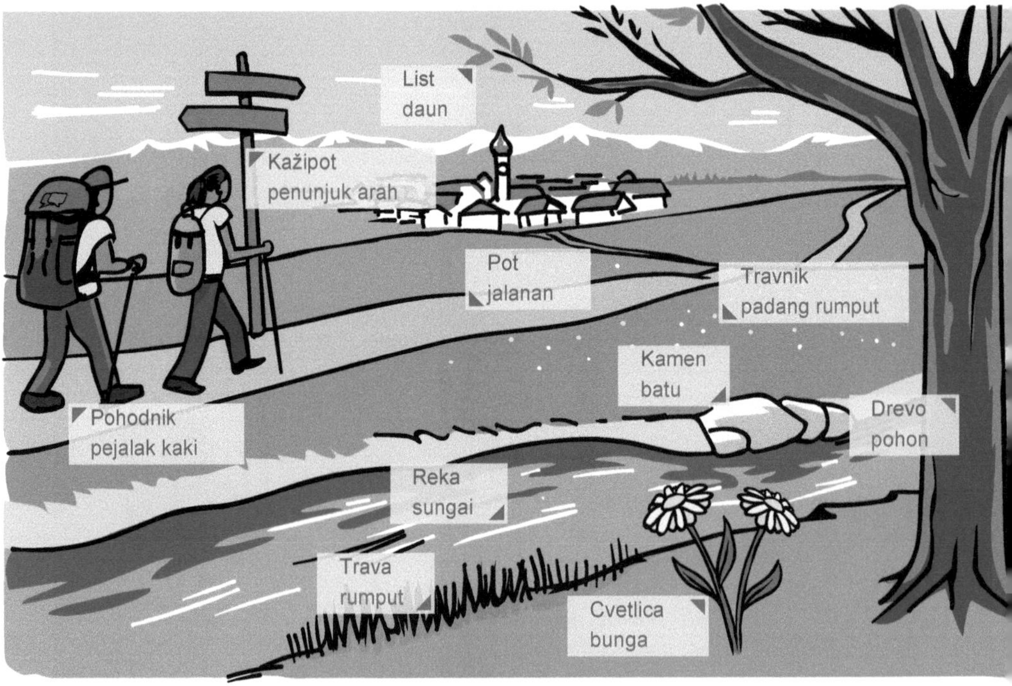

List
daun

Kažipot
penunjuk arah

Pot
jalanan

Travnik
padang rumput

Kamen
batu

Pohodnik
pejalak kaki

Drevo
pohon

Reka
sungai

Trava
rumput

Cvetlica
bunga

Dolina

lembah

Hrib

bukit

Jezero

danau

Gozd

hutan

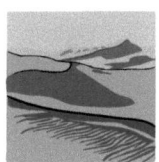

Puščava

padang gurun

Vulkan

gunung berapi

Grad

istana

Mavrica

pelangi

Goba

jamur

Palma

pohon palem

Komar

nyamuk

Muha

lalat

Mravlja

semut

Čebela

lebah

Pajek

laba-laba

Hrošč
kumbang

Žaba
kodok

Veverica
tupai

Jež
landak

Zajec
kelinci

Sova
burung hantu

Ptič
burung

Labod
angsa

Divji prašič
babi jantan

Jelen
rusa

Los
rusa

Jez
bendungan

Vetrnica
turbin angin

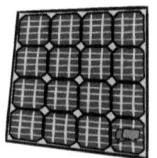

Solarna plošča
panel surya

Podnebje
iklim

Restavracija
restauran

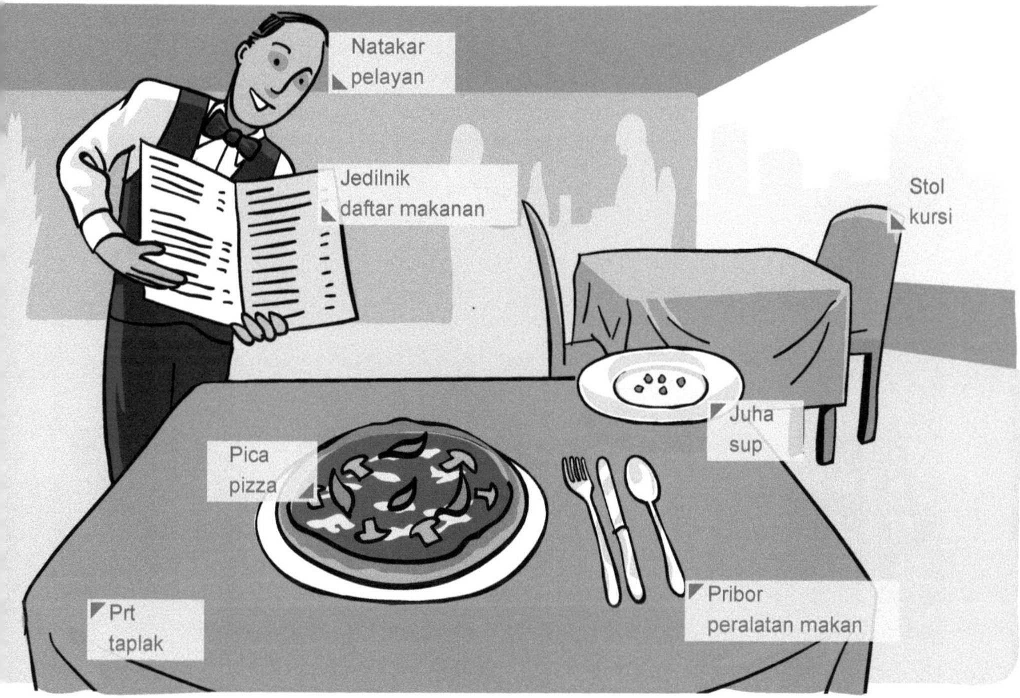

Natakar
pelayan
Jedilnik
daftar makanan
Stol
kursi
Juha
sup
Pica
pizza
Prt
taplak
Pribor
peralatan makan

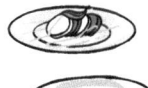

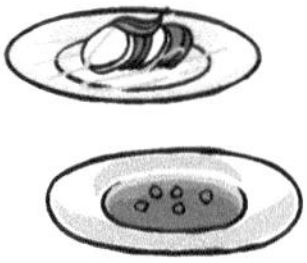

Predjed

hindangan pembuka

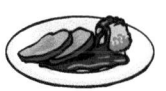

Glavna jed

hidangan utama

Sladica

hidangan penutup

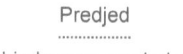

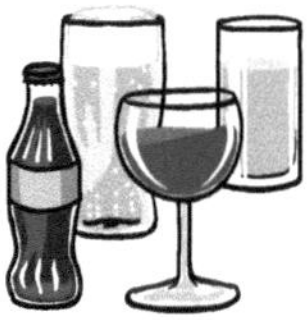

Pijače

minuman

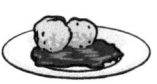

Hrana

makanan

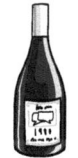

Steklenica

botol

Hitra hrana

fastfood

Ulična hrana

masakan jalanan

Čajnik

teko teh

Sladkornica

kaleng gula

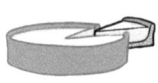

Porcija

porsi

Aparat za espresso

mesin espresso

Stolček za hranjenje

kursi tinggi

Račun

tagihan

Pladenj

baki

Nož

pisau

Vilica

garpu

Žlica

sendok

Čajna žlička

sendok teh

Servieta

serbet

Kozarec

gelas

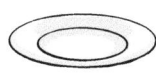

Krožnik
piring

Globoki krožnik
piring sup

Krožniček
lepek

Omaka
saus

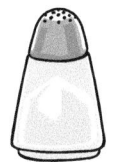

Solnica
tempat garam

Mlinček za poper
gilingan merica

Kis
cuka

Olje
minyak

Začimbe
bumbu

Kečap
saus tomat

Gorčica
mustar

Majoneza
mayones

Supermarket
supermarket

Posebna ponudba
penawaran khusus
Stranka
klien
Mlečni izdelki
produk susu
Sadje
buah
Nakupovalni voziček
troli
FOR

BUTCHERS

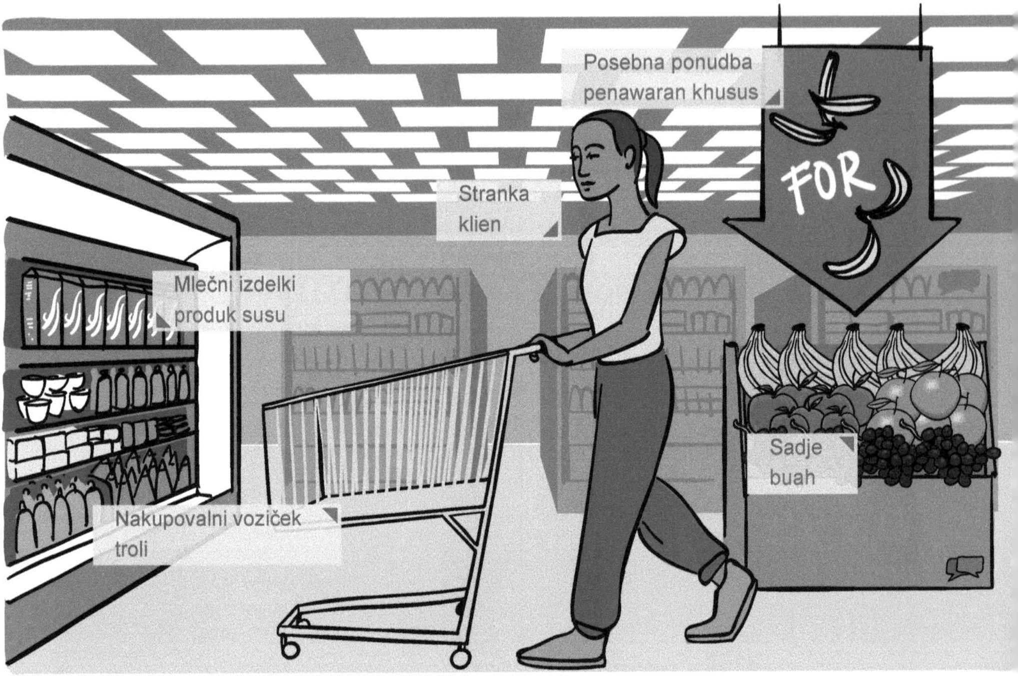

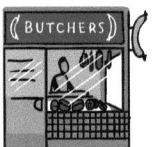

Mesnica

pembantai

BAKERY

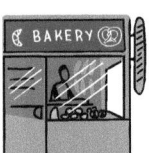

Pekarna

toko roti

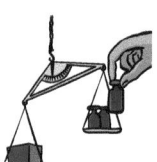

Tehtati

menimbang

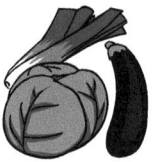

Zelenjava

sayur

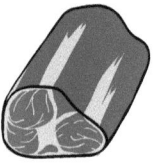

Meso

daging

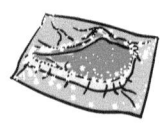

Zamrznjena hrana

makanan beku

Hladne mesnine

pemotongan dingin

Konzerve

makanan kaleng

Pralni prašek

sabun serbuk

Sladkarije

permen

Gospodinjski izdelki

alat-alat rumah tangga

Čistilno sredstvo

obat pembersihan

Prodajalka

penjual

Blagajna

kasa

Blagajnik

kasir

Nakupovalni seznam

daftar belanja

Delovni čas

jam buka

Denarnica

dompet

Kreditna kartica

kartu kredit

Torba

tas

Plastična vrečka

kantong plastik

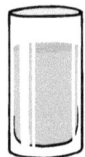

Voda

air

Sok

jus

Mleko

susu

Kola

cola

Vino

anggur

Pivo

bir

Alkohol

alkohol

Kakav

coklat

Čaj

teh

Kava

kopi

Espresso

espresso

Kapučino

cappucino

Banana

pisang

Jabolko

apel

Pomaranča

jeruk

Lubenica

semangka

Limona

jeruk lemon

Korenje

wortel

Česen

bawang putih

Bambus

bambu

Čebula

bawang bombai

Goba

jamur

Oreščki

kacang

Rezanci

mi

Špageti

spagetti

Riž

nasi

Solata

salat

Ocvrt krompirček

kentang goreng

Pečen krompir

kentang goreng

Pica

pizza

Hamburger

hamburger

Sendvič

sandwich

Zrezek

sayatan

Šunka

ham

Salama

salami

Klobasa

sosis

Piščanec

ayam

Pečenka

menggoreng

Riba

ikan

Ovseni kosmiči

bubur gandum

Musli

sereal

Koruzni kosmiči

cornflakes

Moka

tepung

Rogljiček

croissant

Žemlja

roti

Kruh

roti

Prepečenec

toast

Piškoti

biskuit

Maslo

mentega

Skuta

dadih

Torta

kue

Jajce

telur

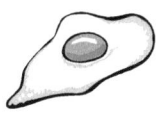

Pečeno jajce na oko

telur goreng

Sir

keju

Sladoled

eskrim

Sladkor

gula

Med

madu

Marmelada

selai

Čokoladni namaz

krim nugat

Kari

kare

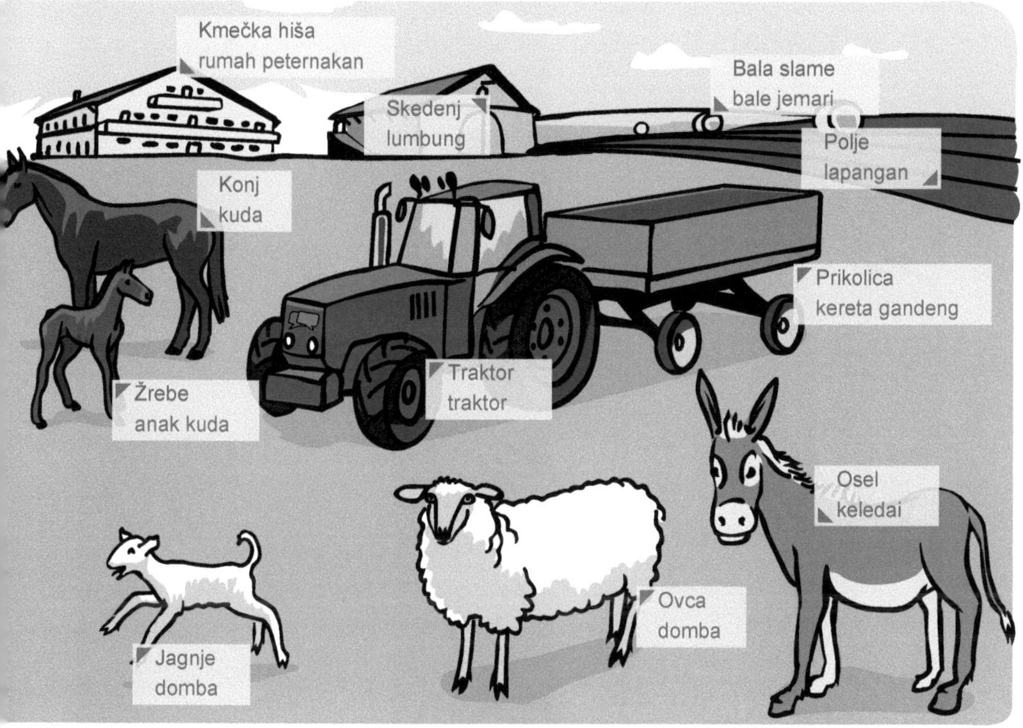

Kmečka hiša
rumah peternakan

Skedenj
lumbung

Konj
kuda

Žrebe
anak kuda

Traktor
traktor

Bala slame
bale jemari

Polje
lapangan

Prikolica
kereta gandeng

Osel
keledai

Ovca
domba

Jagnje
domba

Koza	Krava	Tele
kambing	sapi	betis

Prašič	Pujsek	Bik
babi	celeng	banteng

Gos

angsa

Raca

bebek

Piščanec

anak ayam

Kokoš

ayam

Petelin

ayam jantan

Podgana

tikus

Mačka

kucing

Miš

tikus

Vol

lembu

Pes

anjing

Pasja uta

rumah anjing

Cev za zalivanje

selang

Kangla za zalivanje

penyiram

Kosa

sabit

Plug

bajak

Srp
sabit

Motika
cangkul

Vile
garpu rumput

Sekira
kapak

Samokolnica
gerobak

Korito
palung

Kangla za mleko
kaleng susu

Vreča
karung

Ograja
pagar

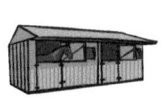

Hlev
kandang

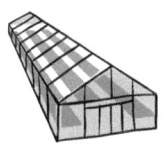

Rastlinjak
rumah kaca

Prst
tanah

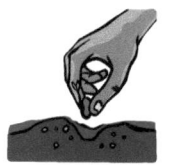

Seme
benih

Gnojilo
pupuk

Kombajn
mesin pemanen

Kmetija - pertanian

Žeti

panen

Žetev

panen

Jam

yams

Pšenica

gandum

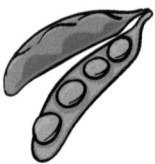

Soja

kedelai

Krompir

kentang

Koruza

jagung

Oljna ogrščica

lobak

Sadno drevo

pohon buah

Maniok

singkong

Žito

sereal

Hiša
rumah

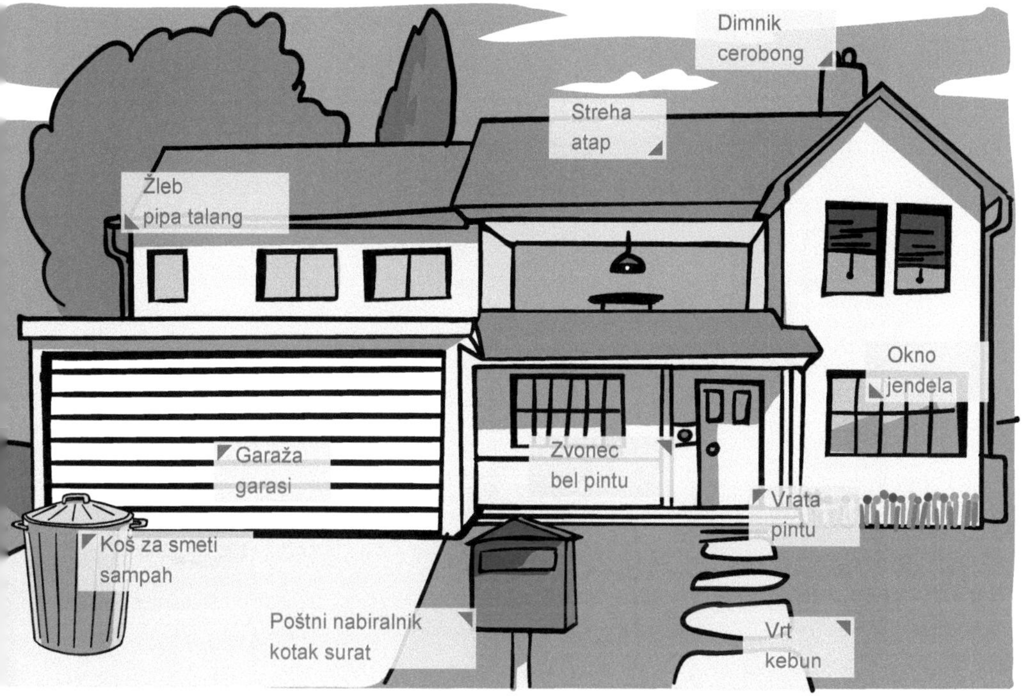
Dimnik
cerobong
Streha
atap
Žleb
pipa talang
Okno
jendela
Garaža
garasi
Zvonec
bel pintu
Vrata
pintu
Koš za smeti
sampah
Poštni nabiralnik
kotak surat
Vrt
kebun

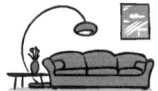

Dnevna soba
....
ruang tamu

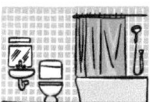

Kopalnica
....
kamar mandi

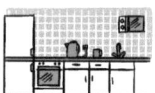

Kuhinja
....
dapur

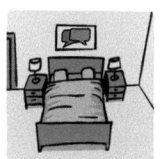

Spalnica
....
kamar tidur

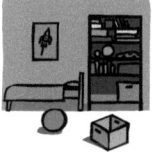

Otroška soba
....
kamar anak

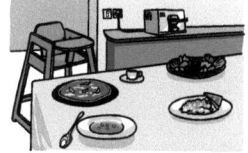

Jedilnica
....
kamar makan

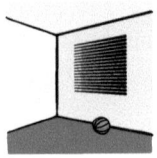

Tla

lantai

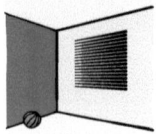

Stena

tembok

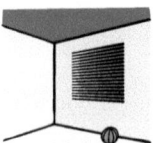

Strop

atap

Klet

gudang di bawah tanah

Savna

sauna

Balkon

balkon

Terasa

teras

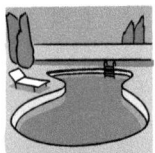

Bazen

kolam renang

Kosilnica

mesin pemotong rumput

Rjuha

sprei

Posteljno pregrinjalo

selimut

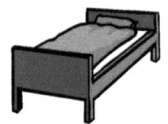

Postelja

tempat tidur

Metla

sapu

Vedro

ember

Stikalo

tombol

Dnevna soba
ruang tamu

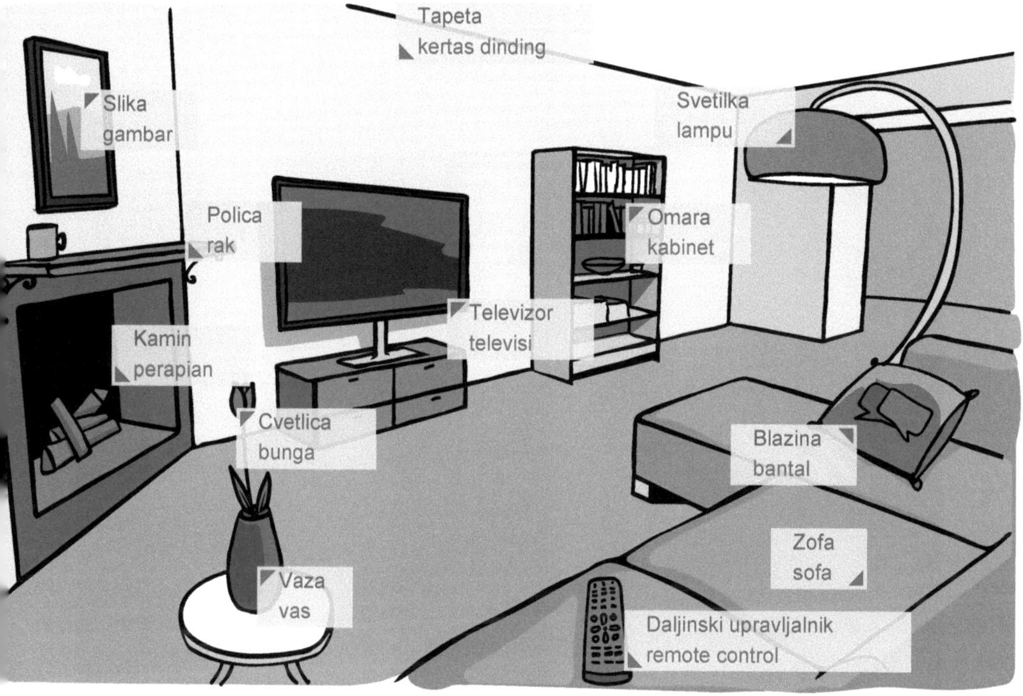

Tapeta
kertas dinding
Slika
gambar
Svetilka
lampu
Polica
rak
Omara
kabinet
Televizor
televisi
Kamin
perapian
Cvetlica
bunga
Blazina
bantal
Zofa
sofa
Vaza
vas
Daljinski upravljalnik
remote control

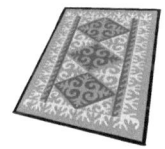

Preproga
karpet

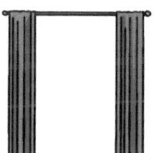

Zavesa
korden

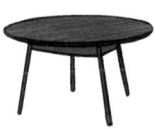

Miza
meja

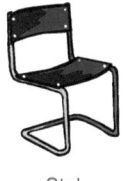

Stol
kursi

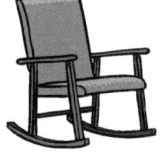

Gugalnik
kursi goyang

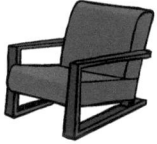

Naslanjač
kursi malas

Knjiga

buku

Odeja

selimut

Dekoracija

dekorasi

Drva

kayu bakar

Film

filem

Glasbeni stolp

hi-fi

Ključ

kunci

Časopis

koran

Slika

lukisan

Plakat

poster

Radio

radio

Beležka

buku tulis

Sesalnik

penyedot debu

Kaktus

kaktus

Sveča

lilin

Kuhinja
dapur

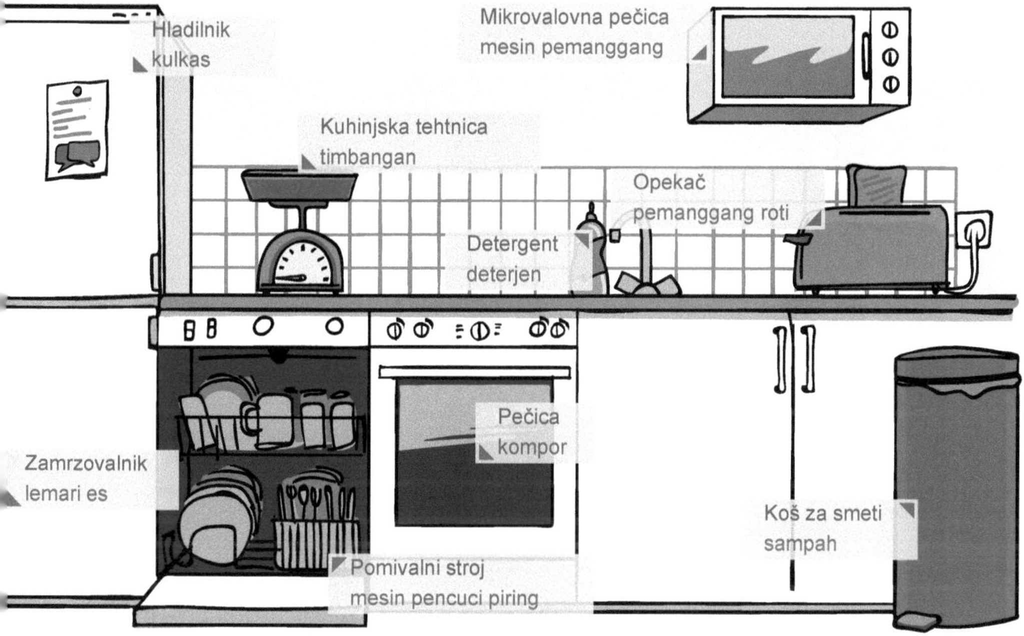

Hladilnik
kulkas
Mikrovalovna pečica
mesin pemanggang
Kuhinjska tehtnica
timbangan
Opekač
pemanggang roti
Detergent
deterjen
Pečica
kompor
Zamrzovalnik
lemari es
Koš za smeti
sampah
Pomivalni stroj
mesin pencuci piring

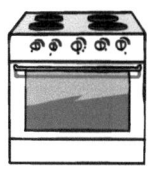

Kozica
....
kompor

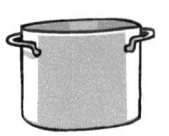

Lonec
....
panci

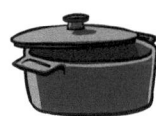

Litoželezni lonec
....
panci besi

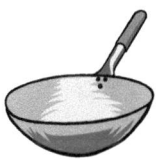

Vok / kadai
....
wajan

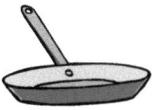

Ponev
....
panci

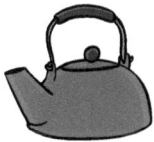

Kotliček
....
pemanas air

Parni kuhalnik

panci pengukus makanan

Pekač

nampan

Posoda

piring

Skodelica

cangkir

Skleda

mangkok

Jedilne paličice

sumpit

Zajemalka

sendok sup

Lopatica

sudip

Metlica

mengocok

Cedilnik

saringan

Cedilo

saringan

Strgalo

parutan

Možnar

mortir

Žar

barbeque

Ognjišče

api terbuka

Deska za rezanje

papan memotong

Valjar

gilingan

Odpirač za steklenice

alat pembuka botol

Pločevinka

kaleng

Odpirač za konzerve

pembuka kaleng

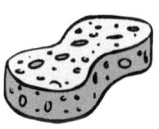

Prijemalka za posodo

pegangan panci

Korito

wastafel

Ščetka

sikat

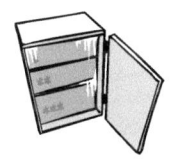

Goba

busa

Mešalnik

mesin pencampur

Zamrzovalna skrinja

lemari es

Steklenička

botol bayi

Pipa

keran

Kopalnica
kamar mandi

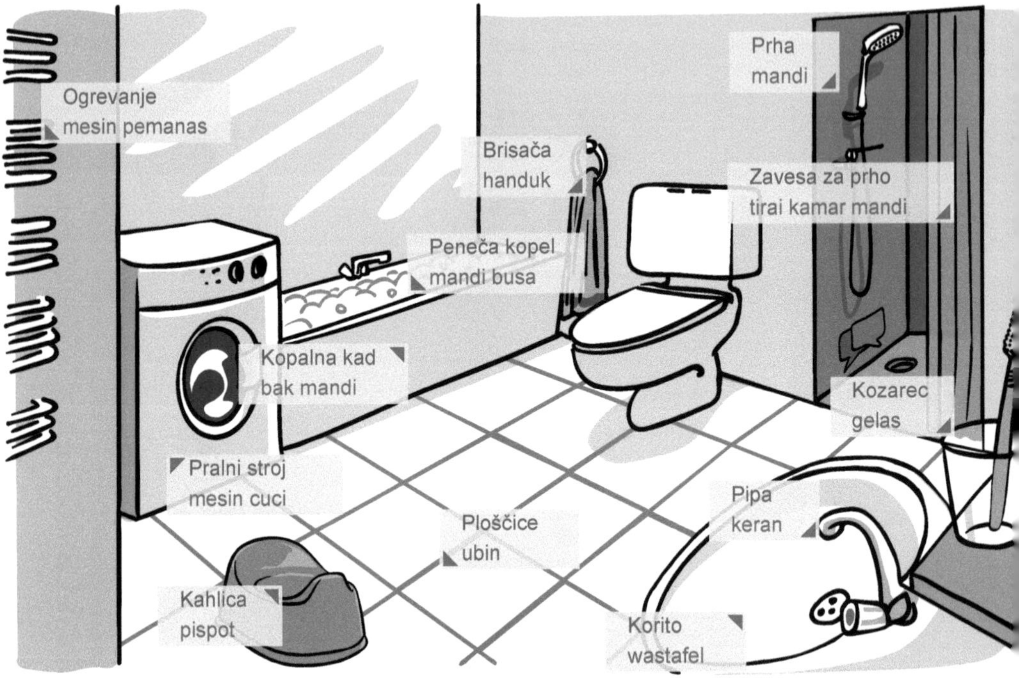

Ogrevanje
mesin pemanas
Brisača
handuk
Prha
mandi
Zavesa za prho
tirai kamar mandi
Peneča kopel
mandi busa
Kopalna kad
bak mandi
Kozarec
gelas
Pralni stroj
mesin cuci
Pipa
keran
Ploščice
ubin
Kahlica
pispot
Korito
wastafel

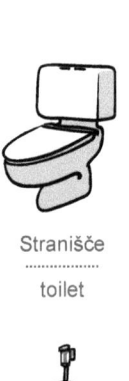

Stranišče

toilet

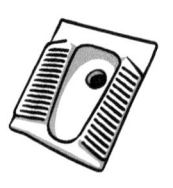

Stranišče na počep

toilet jongkok

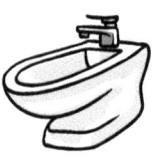

Bide

bidet

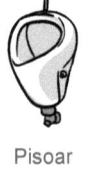

Pisoar

pissoir

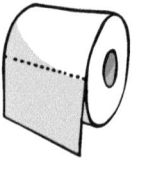

Toaletni papir

kertas toilet

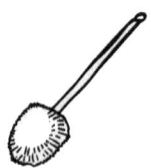

Ščetka za straniščno školjko

sikat toilet

Zobna ščetka

sikat gigi

Zobna pasta

pasta gigi

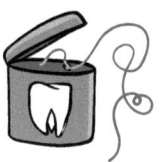

Zobna nitka

benang gigi

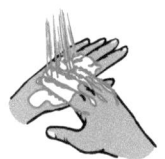

Umiti se

menyuci

Ročna prha

pancuran tangan

Prha za intimne dele

pancuran

Umivalnik

bak

Krtača za hrbet

sikat punggung

Milo

sabun

Gel za prhanje

gel mandi

Šampon

sampo

Krpica za miljenje

planel

Odtok

kuras

Krema

krim

Deodorant

deodoran

Ogledalo

kaca

Ročno ogledalo

cermin tangan

Britvica

pisau cukur

Pena za britje

busa cukur

Vodica po britju

aftershave

Glavnik

sisir

Ščetka

sikat

Sušilnik za lase

alat pengering rambut

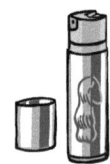

Lak za lase

semprot rambut

Ličila

makeup

Šminka

lipstik

Lak za nohte

cat kuku

Vatirane blazinice

kapas

Škarjice za nohte

gunting kuku

Parfum

minyak wangi

Toaletna torbica

kantong pencuci

Stol brez naslonjala

bangku

Osebna tehtnica

timbangan

Kopalni plašč

mantel mandi

Gumijaste rokavice

sarung tangan karet

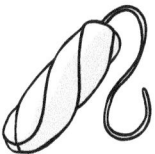

Tampon

tampon

Damski vložki

handuk pembalut

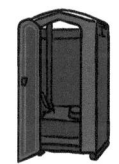

Kemično stranišče

toilet kimia

Otroška soba
kamar anak

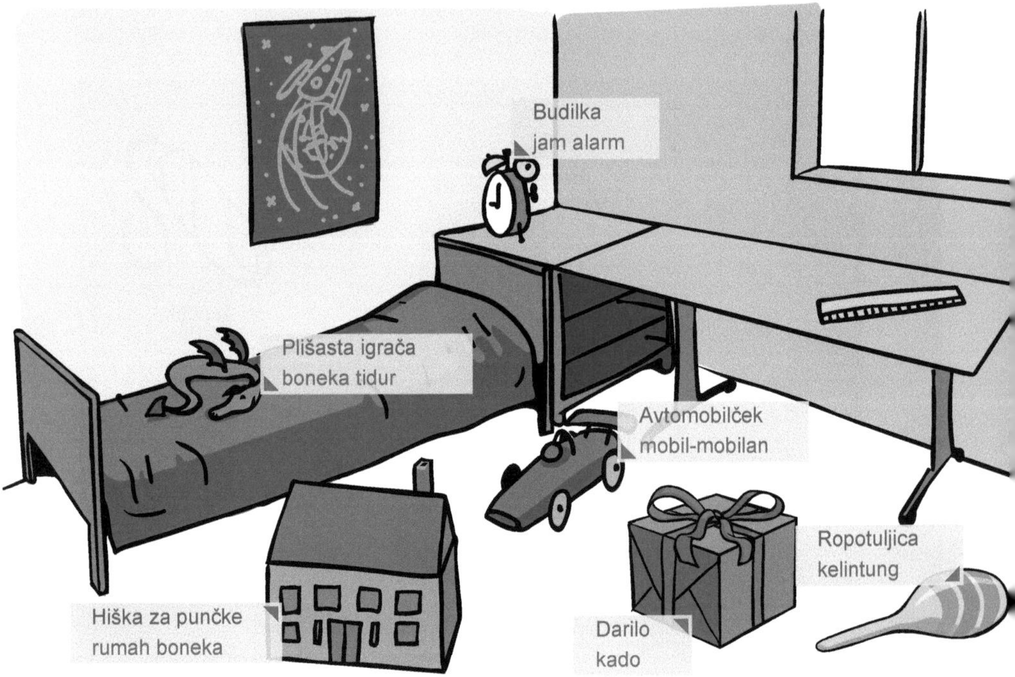
Budilka
jam alarm
Plišasta igrača
boneka tidur
Avtomobilček
mobil-mobilan
Ropotuljica
kelintung
Hiška za punčke
rumah boneka
Darilo
kado

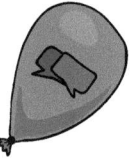

Balon
balon

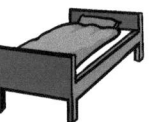

Postelja
tempat tidur

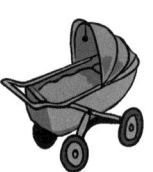

Otroški voziček
kereta bayi

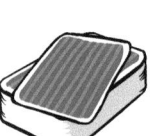

Igralne karte
mainan kartu

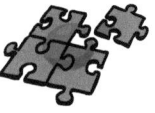

Sestavljanka
teka-teki

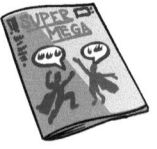

Strip
komik

Lego kocke

mainan lego

Igralne kocke

blok mainan

Akcijska figura

figur aksi

Bodi

baju monyet

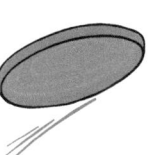

Frizbi

frisbee

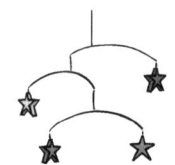

Vrtiljak za posteljico

mobile

Namizna igra

permainan papan

Kocka

dadu

Komplet modelov vlakov

set model kreta api

Duda

dot

Zabava

pesta

Slikanica

buku gambar

Žoga

bola

Lutka

boneka

Igrati se

bermain

Peskovnik

tempat main pasir

Gugalnica

ayunan

Igrače

mainan

Igralna konzola

video game konsol

Tricikel

sepeda roda tiga

Plišasti medvedek

teddy

Garderoba

lemari pakaian

Oblačilo

pakaian

Nogavice

kaos kaki

Samostoječe nogavice

kaos kaki

Hlačne nogavice

baju ketat

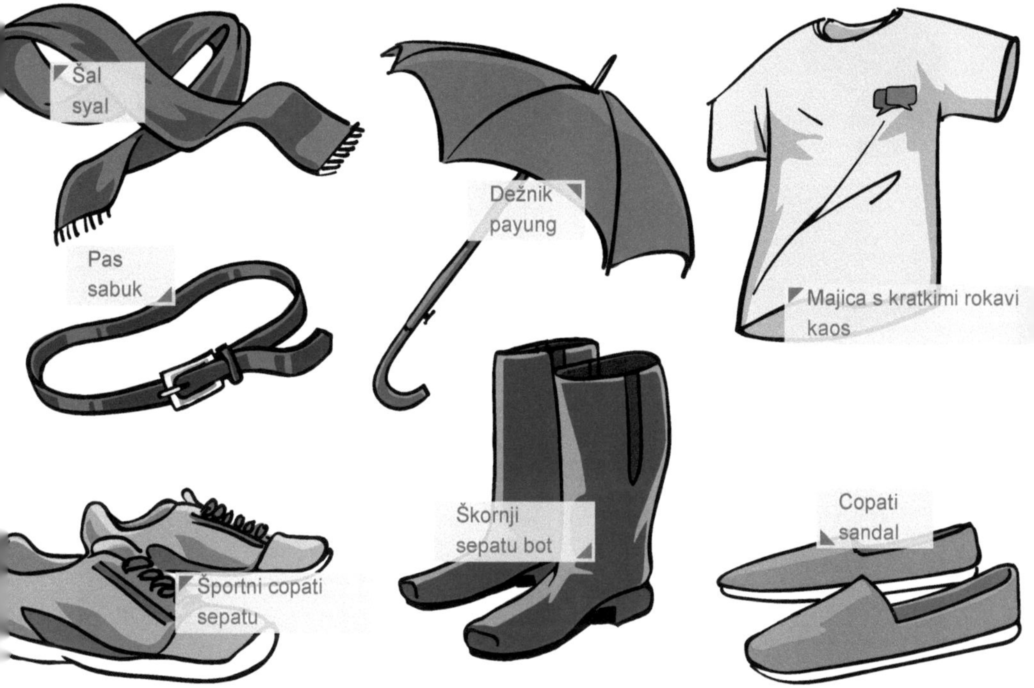

Šal
syal

Pas
sabuk

Dežnik
payung

Majica s kratkimi rokavi
kaos

Športni copati
sepatu

Škornji
sepatu bot

Copati
sandal

Sandali	Čevlji	Gumijasti škornji
sandal	sepatu	sepatu bot karet

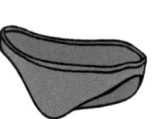

Spodnje hlače	Modrček	Telovnik
celana dalam	BH	baju rompi

Bodi
body

Hlače
celana

Kavbojke
jeans

Krilo
rok

Bluza
blus

Srajca
kemeja

Pulover
aket berkerudung

Pletena jopica
sweater

Jopa
jaket

Jakna
jaket

Plašč
mantel

Dežni plašč
jas hujan

Kostim
kostum

Obleka
gaun

Poročna obleka
gaun pengantin

Obleka
....
setelan resmi

Spalna srajca
....
gaun tidur

Pižama
....
piyama

Sari
....
sari

Naglavna ruta
....
jilbab

Turban
....
turban

Burka
....
burka

Kaftan
....
kaftan

Abaja
....
abaya

Kopalke
....
pakaian renang

Kopalne hlače
....
celana renang

Kratke hlače
....
celana pendek

Trenirka
....
olah raga

Predpasnik
....
celemek

Rokavice
....
sarung tangan

Gumb

kancing

Očala

kacamata

Zapestnica

gelang

Verižica

kalung

Prstan

cincin

Uhan

anting

Kapa

topi

Obešalnik

gantungan mantel

Klobuk

topi

Kravata

dasi

Zadrga

ritsleting

Čelada

helm

Naramnice

tali selempang

Šolska uniforma

seragam sekolah

Uniforma

seragam

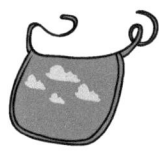

Slinček
oto

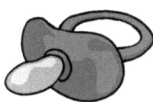

Duda
dot

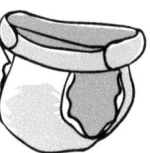

Plenica
popok

Pisarna
kantor

Strežnik
server
Kartotečna omara
lemari arsip
Tiskalnik
pencetak
Papir
kertas
Monitor
layar
Miška
mouse komputer
Pisalna miza
meja kerja
Mapa
tempat pengarsipan
Tipkovnica
papan tombol
Koš za smeti
tempat sampah
Računalnik
computer
Stol
kursi

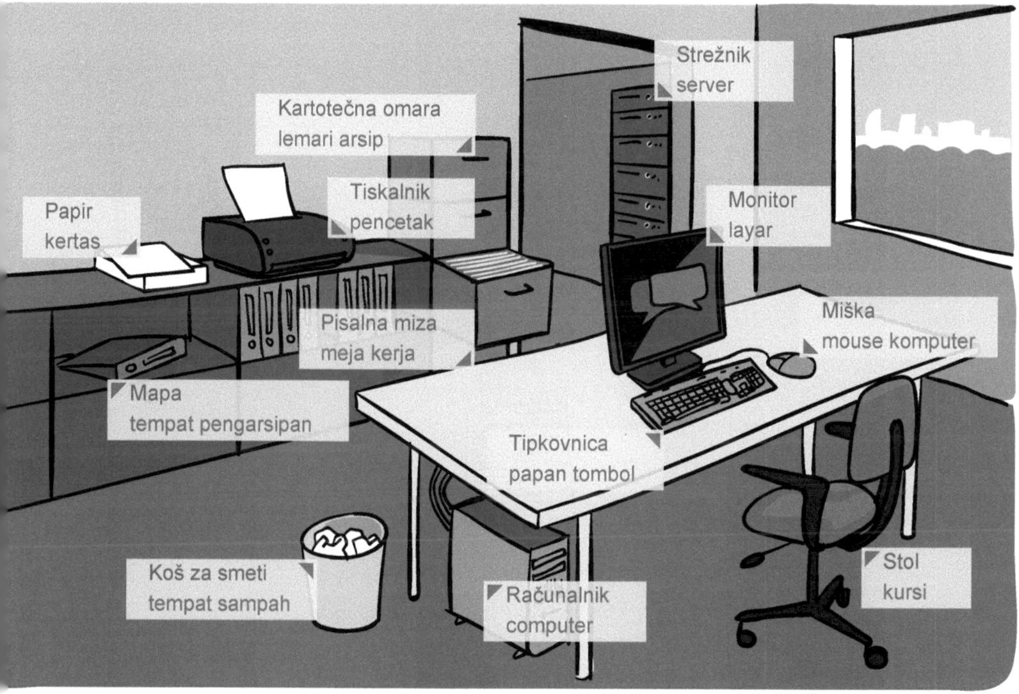

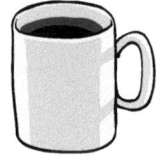

Lonček za kavo
cangkir kopi

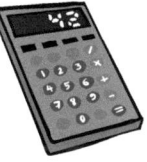

Kalkulator
kalkulator

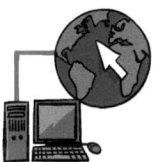

Internet
internet

Prenosnik

laptop

Pismo

surat

Sporočilo

pesan

Mobilnik

telepon seluler

Omrežje

jaringan

Kopirni stroj

fotokopi

Programska oprema

software

Telefon

telepon

Vtičnica

plug soket

Telefaks

mesin fax

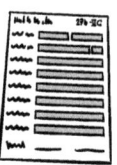

Obrazec

formulir

Dokument

dokumen

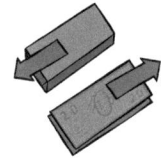

Kupiti

membeli

Plačati

membayar

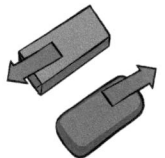

Trgovati

berdagang

Denar

uang

Dolar

Dollar

Evro

Euro

Jen

Yen

Rubelj

Rubel

Švičarski frank

Franc Swiss

Kitajski juan renminbi

Renminbi Yuan

Rupija

Rupiah

Bankomat

ATM

Menjalnica
kantor pertukaran mata uang

Zlato
emas

Srebro
perak

Nafta
minyak

Energija
energi

Cena
harga

Pogodba
kontrak

Davek
pajak

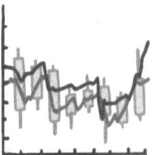

Delnice
saham

Delati
bekerja

Delojemalec
karyawan

Delodajalec
majikan

Tovarna
pabrik

Trgovina
toko

Poklici
pekerjaan

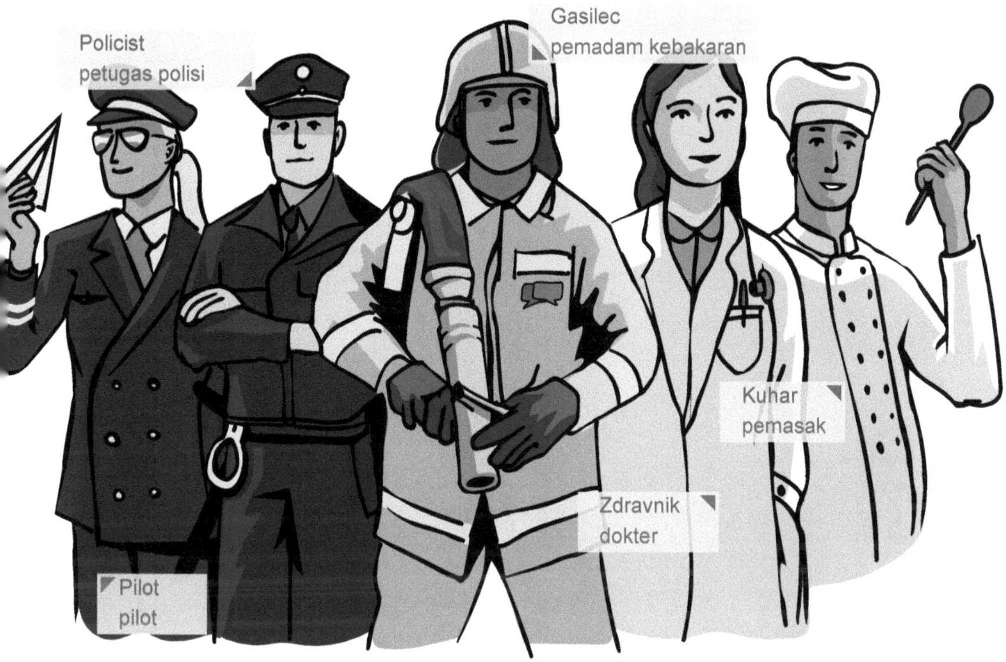

Policist
petugas polisi
Gasilec
pemadam kebakaran
Kuhar
pemasak
Zdravnik
dokter
Pilot
pilot

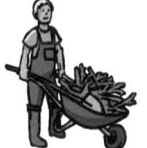

Vrtnar

tukan kebun

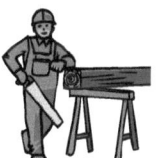

Mizar

tukang kayu

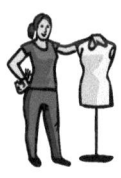

Šivilja

penjahit wanita

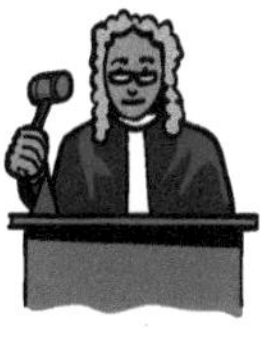

Sodnik

hakim

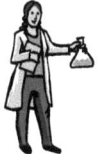

Kemik

ahli kimia

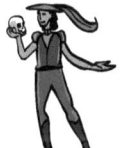

Igralec

aktor

Voznik avtobusa

sopir bis

Taksist

sopir taksi

Ribič

nelayan

Čistilka

pembantu

Krovec

tukang atap

Natakar

pelayan

Lovec

pemburu

Pleskar

pelukis

Pek

tukang roti

Električar

tukang listrik

Gradbenik

pembangun

Inženir

insinyur

Mesar

tukang daging

Vodovodni inštalater

tukang ledeng

Poštar

tukang pos

Vojak	**Arhitekt**	**Blagajnik**
tentara	arsitek	kasir

Cvetličar	**Frizer**	**Sprevodnik**
penjual bunga	penata rambut	konduktor

Mehanik	**Kapitan**	**Zobozdravnik**
montir	kapten	dokter gigi

Znanstvenik	**Rabin**	**Imam**
ilmuwan	rabbi	imam

Menih	**Duhovnik**	
biarawan	pendeta	

Orodje

alat

Klešče
tang
Kladivo
palu
Izvijač
obeng
Vijačni ključ
kunci
Žepna svetilka
obor

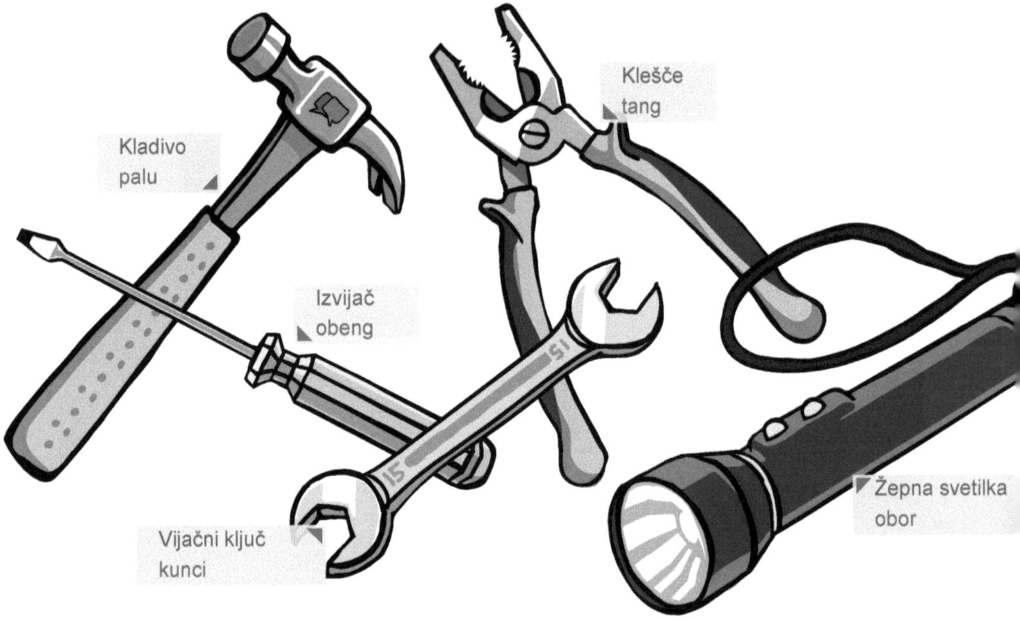

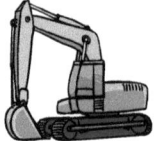

Bager

penggali

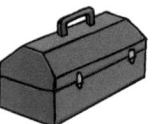

Zaboj z orodjem

tas perkakas

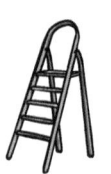

Lestev

tangga

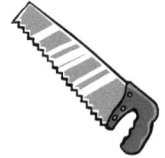

Žaga

gergaji

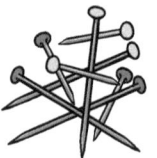

Žeblji

paku

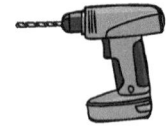

Vrtalnik

bor

Popraviti

perbaikan

Lopata

sekop

Šment!

Sialan!

Smetišnica

cikrak

Posoda z barvo

pot cat

Vijaki

sekrup

Glasbeni instrument
alat musik

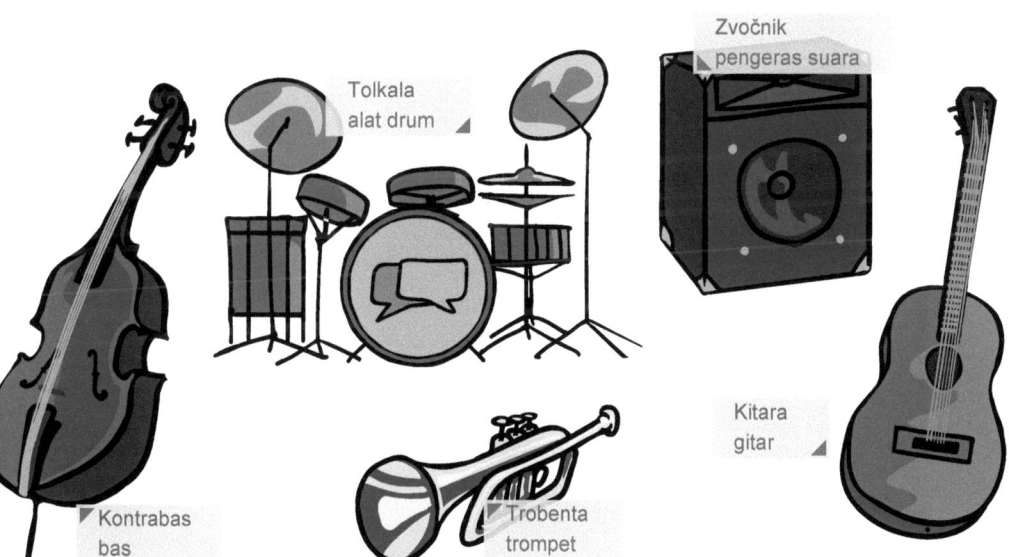

Zvočnik
pengeras suara

Tolkala
alat drum

Kitara
gitar

Kontrabas
bas

Trobenta
trompet

Klavir

piano

Violina

violin

Bas kitara

bass

Pavke

tambur

Bobni

drum

Sintetizator

keyboard

Saksofon

saksofon

Flavta

suling

Mikrofon

mikrofon

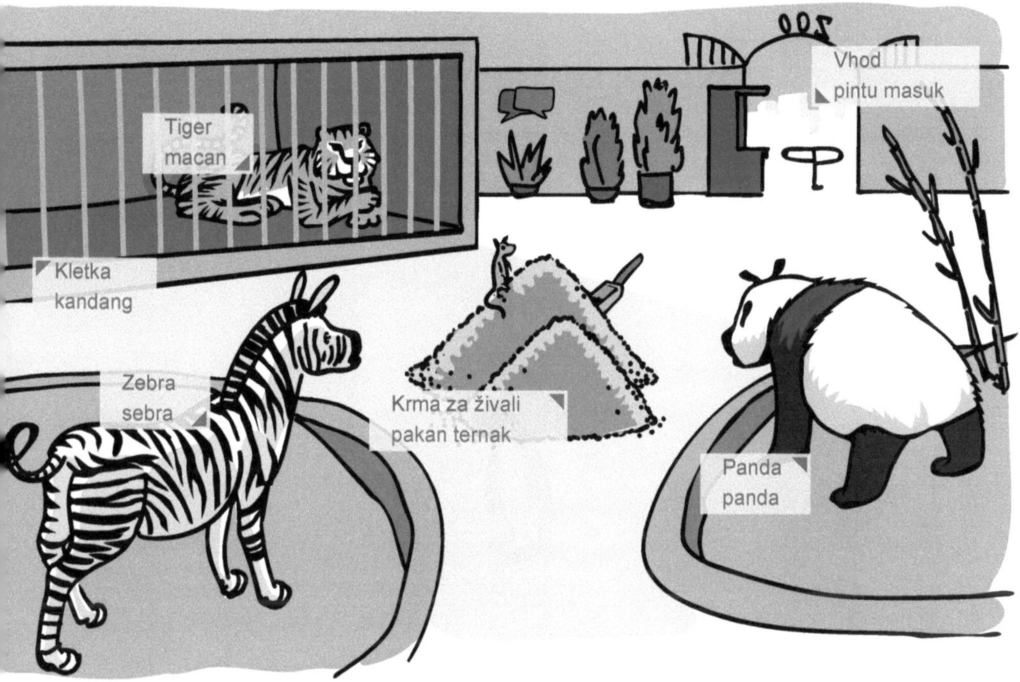

Vhod
pintu masuk

Tiger
macan

Kletka
kandang

Zebra
sebra

Krma za živali
pakan ternak

Panda
panda

Živali

hewan

Slon

gajah

Kenguru

kanguru

Nosorog

badak

Gorila

gorila

Medved

beruang

Kamela

unta

Noj

burung unta

Lev

singa

Opica

monyet

Plamenec

flamingo

Papagaj

burung beo

Severni medved

beruang polar

Pingvin

penguin

Morski pes

hiu

Pav

merak

Kača

ular

Krokodil

buaya

Oskrbnik v živalskem vrtu

penjaga kebun binatang

Tjulenj

segel

Jaguar

jaguar

Poni
kuda poni

Leopard
macan tutul

Povodni konj
kuda nil

Žirafa
jerapah

Orel
burung elang

Divji prašič
babi jantan

Riba
ikan

Želva
kura-kura

Mrož
anjing laut

Lisica
rubah

Gazela
kijang

Ameriški nogomet
american football

Kolesarjenje
naik sepeda

Tenis
tennis

Košarka
basketbal

Plavanje
bernang

Boks
tinju

Hokej
hoki es

Nogomet

sepak bola

Badminton

badminton

Atletika

atletik

Rokomet

bola tangan

Smučanje

main ski

Polo

polo

Dejavnosti
aktivitas

Skočiti
meloncat
Smejati se
ketawa
Objeti
memeluk
Hoditi
berjalan
Peti
menyanyi
Sanjati
mengimpi
Moliti
berdoa
Poljubiti
mencium

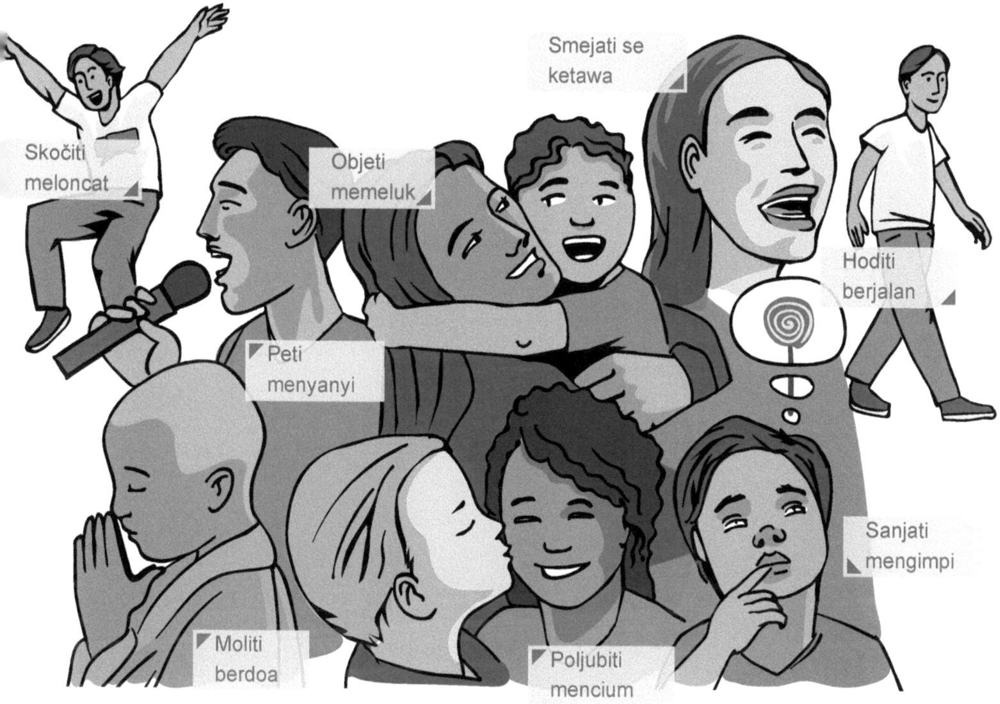

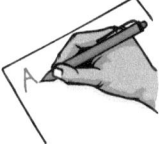

Pisati

menulis

Risati

melukis

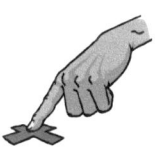

Pokazati

menunjuk

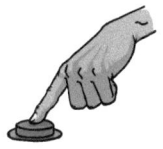

Potisniti

mendorong

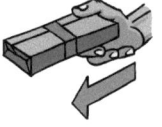

Dati

memberikan

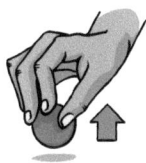

Vzeti

mengambil

Imeti

mempunyai

Narediti

melakukan

Biti

adalah

Stati

berdiri

Teči

berlari

Vleči

menarik

Vreči

melempar

Pasti

jatuh

Ležati

tidur

Čakati

menunggu

Nositi

membawa

Sedeti

duduk

Obleči se

berpakaian

Spati

tidur

Zbuditi se

bangun

Gledati	Jokati	Božati
melihat	menangis	mengelus

Česati se	Govoriti	Razumeti
menyisir	berbicara	mengerti

Vprašati	Poslušati	Piti
menanyak	mendengar	minum

Jesti	Pospraviti	Ljubiti
makan	merapikan	cinta

Kuhati	Voziti	Leteti
memasak	menyetir	terbang

Jadrati

berlayar

Računanje

menghitung

Brati

membaca

Učiti se

belajar

Delati

bekerja

Poročiti se

menikah

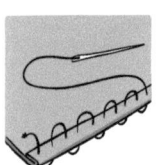

Šivati

menjahit

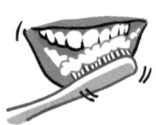

Ščetkati si zobe

sikat gigi

Ubiti

membunuh

Kaditi

merokok

Poslati

kirim

Družina
keluarga

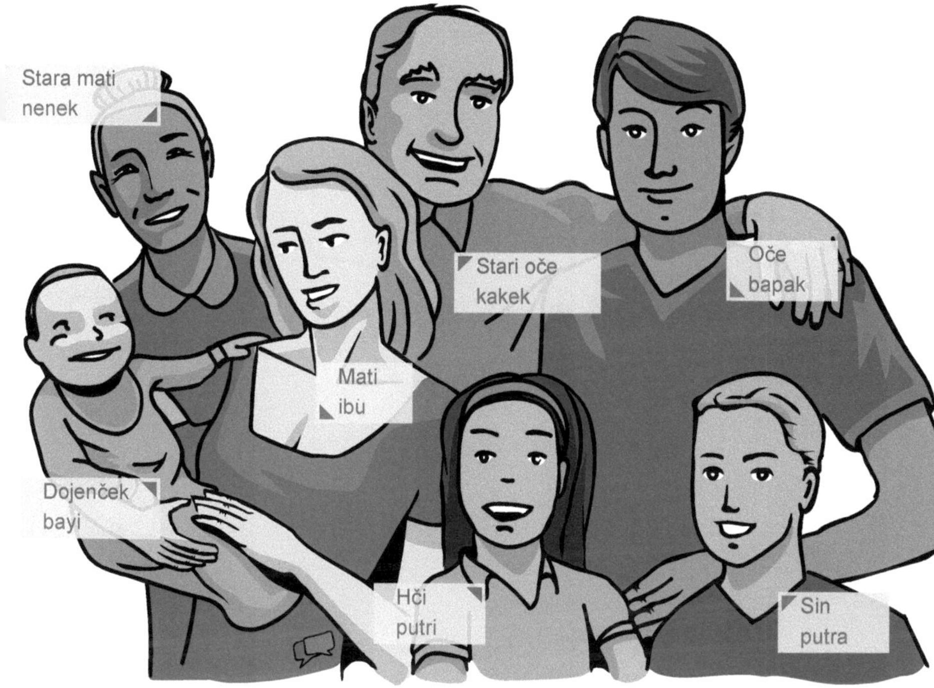

Stara mati
nenek
Stari oče
kakek
Oče
bapak
Mati
ibu
Dojenček
bayi
Hči
putri
Sin
putra

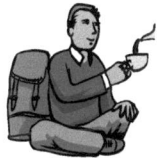

Gost
tamu

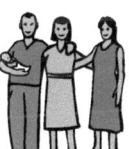

Teta
bibi

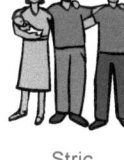

Stric
paman

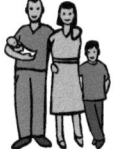

Brat
kakak laki

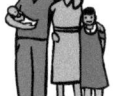

Sestra
kakak perempuan

Telo
badan

Čelo
dahi
Oko
mata
Rama
bahu
Prst
jari
Obraz
muka
Brada
dagu
Dlan
tangan
Noga
kaki
Prsi
payudara
Roka
lengan

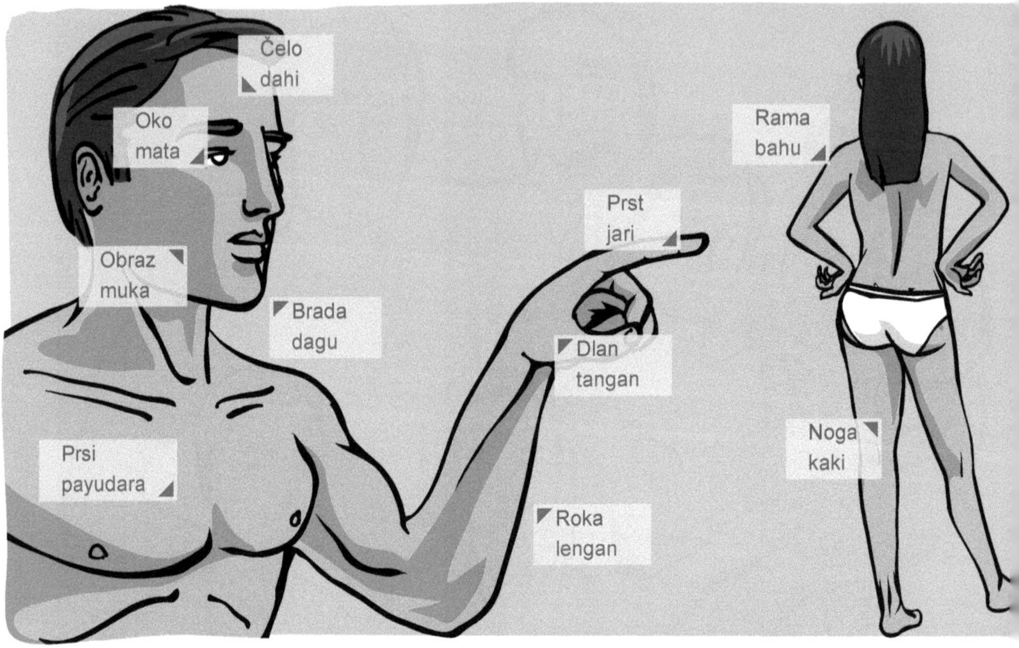

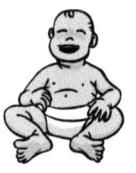

Dojenček

bayi

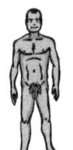

Človek

pria

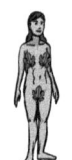

Ženska

wanita

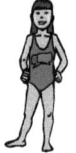

Dekle

perempuan

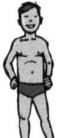

Fant

laki

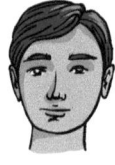

Glava

kepala

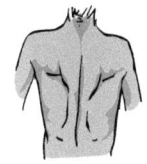

Hrbet

punggung

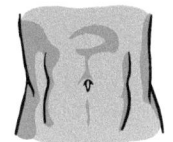

Trebuh

perut

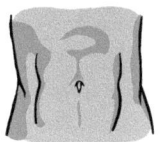

Popek

pusar

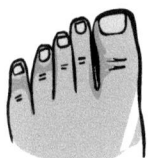

Prst na nogi

toe

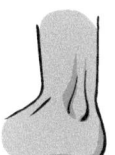

Peta

tumit

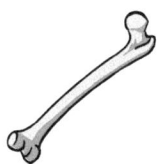

Kost

tulang

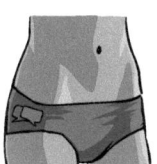

Kolk

pinggang

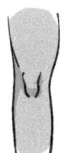

Koleno

lutut

Komolec

siku

Nos

hidung

Zadnjica

pantat

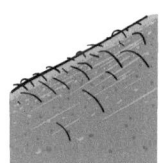

Koža

kulit

Lice

pipi

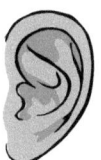

Uho

telinga

Ustnica

bibir

Usta
mulut

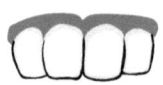

Zob
gigi

Jezik
lidah

Možgani
otak

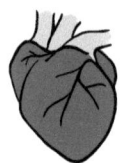

Srce
jantung

Mišica
otot

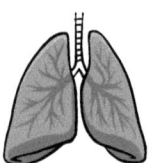

Pljuča
paru-paru

Jetra
hati

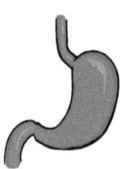

Želodec
stomach

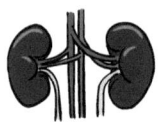

Ledvice
ginjal

Spolni odnos
hubungan seks

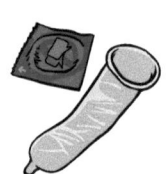

Kondom
kondom

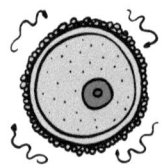

Jajčece
sel telur

Semenska tekočina
sperma

Nosečnost
kehamilan

Telo - badan

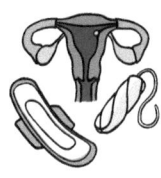

Menstruacija
menstruasi

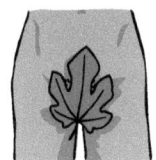

Vagina
vagina

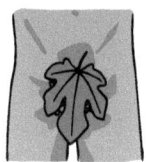

Penis
penis

Obrv
alis

Lasje
rambut

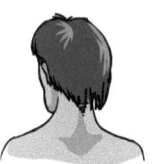

Vrat
leher

Bolnišnica

rumah sakit

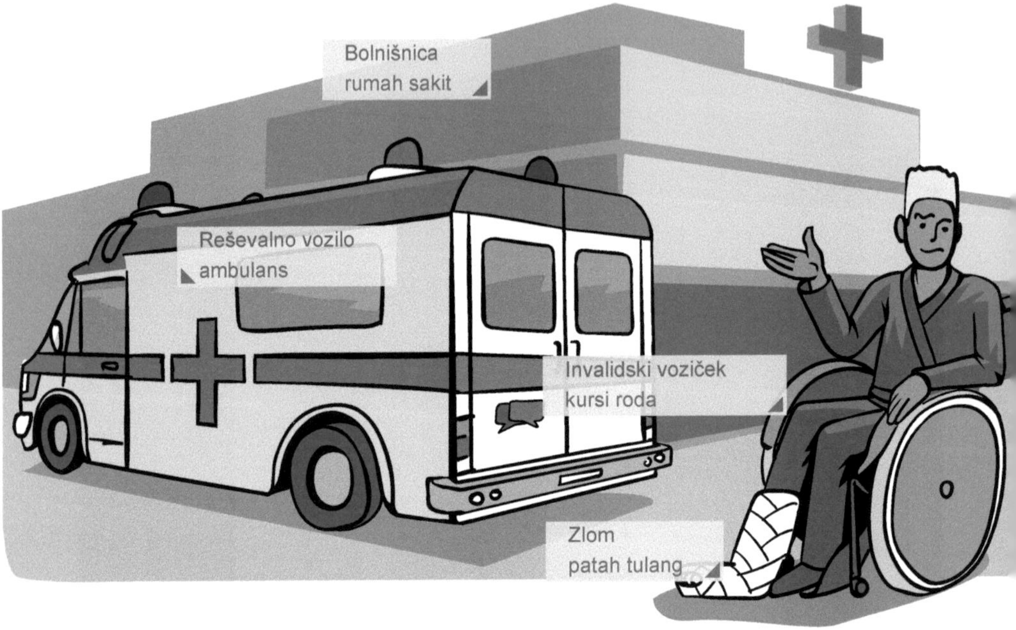
Bolnišnica
rumah sakit
Reševalno vozilo
ambulans
Invalidski voziček
kursi roda
Zlom
patah tulang

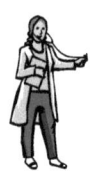

Zdravnik

dokter

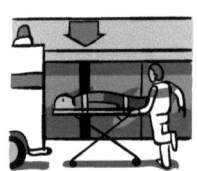

Urgenca

ruang darurat

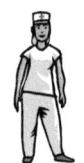

Medicinska sestra

perawat

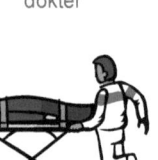

Nujni primer

darurat

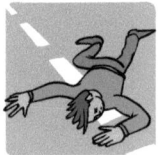

Nezavesten

semaput

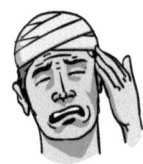

Bolečina

sakit

Poškodba

cedera

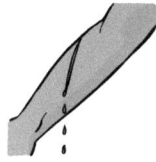

Krvavenje

perdarahan

Srčni infarkt

serangan jantung

Kap

stroke

Alergija

alergi

Kašelj

batuk

Vročina

demam

Gripa

flu

Driska

diare

Glavobol

sakit kepala

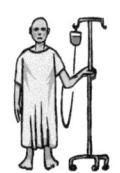

Rak

kanker

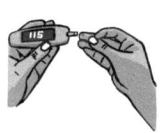

Sladkorna bolezen

diabetes

Kirurg

ahli bedah

Skalpel

pisau bedah

Operacija

operasi

CT

CT

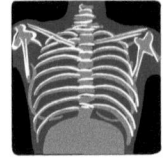

Rentgen

sinar x

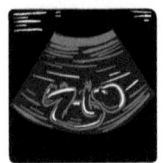

Ultrazvok

usg

Obrazna maska

topeng

Bolezen

penyakit

Čakalnica

ruang tunggu

Bergla

penyokong

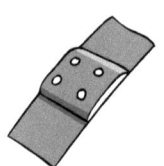

Obliž

plester

Preveza

perban

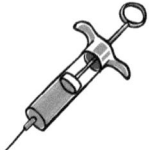

Injekcija

injeksi

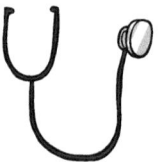

Stetoskop

stetoskop

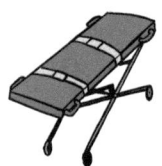

Nosila

usungan

Klinični termometer

termometer klinis

Porod

kelahiran

Prekomerna teža

kelebihan berat badan

Slušni pripomoček

alat pendengar

Razkužilo

desinfektan

Okužba

infeksi

Virus

virus

HIV / AIDS

HIV / AIDS

Medicina

obat

Cepljenje

vaksinasi

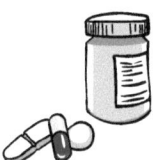

Tablete

tablet

Tableta

pil

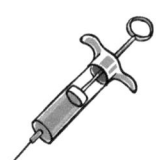

Klic v sili

panggilan darurat

Merilnik krvnega tlaka

ukur tekanan darah

bolano / zdravo

sakit / sehat

Na pomoč!

Tolong!

Alarm

alarm

Napad

penyerbuan

Napad

serangan

Nevarnost

bahaya

Izhod v sili

pintu darurat

Gori!

Api!

Gasilni aparat

alat pemadam kebakaran

Nezgoda

kecelakaan

Komplet za prvo pomoč

kit pertolongan pertama

SOS

SOS

Policija

polisi

Evropa

Eropa

Severna Amerika

Amerika Utara

Južna Amerika

Amerika Selatan

Afrika

Afrika

Azija

Asia

Avstralija

Australi

Atlantski ocean

Atlantik

Tihi ocean

Pasifik

Indijski ocean

Samudra India

Južni ocean

Samudra Antartika

Arktični ocean

Samudra Arktik

Severni tečaj

kutub utara

Južni tečaj

kutub selatan

Antarktika

Antarktika

Zemlja

bumi

Kopno

tanah

Morje

laut

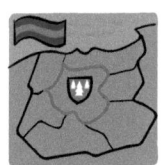

Otok

pulau

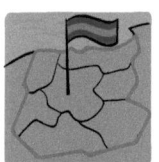

Narod

bangsa

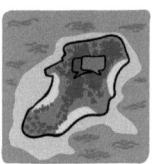

Država

negara

Številčnica

jam wajah

Urni kazalec

jarum pendek

Minutni kazalec

jarum menit

Sekundni kazalec

jarum detik

Koliko je ura?

Jam berapa?

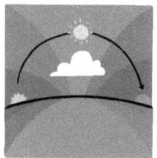

Dan

hari

Čas

waktu

Zdaj

sekarang

Digitalna ura

jam digital

Minuta

menit

Ura

jam

Teden
minggu

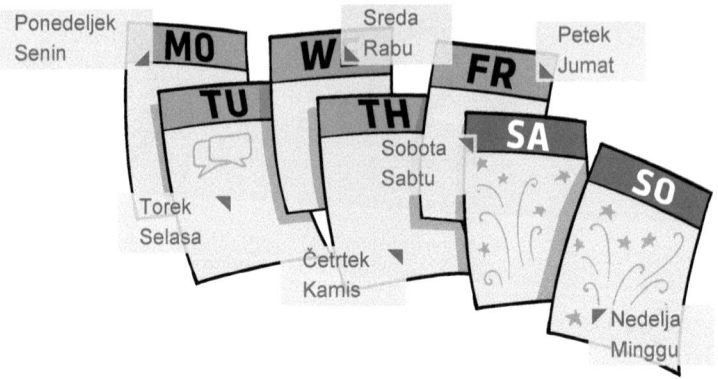

Ponedeljek
Senin

Sreda
Rabu

Petek
Jumat

Torek
Selasa

Sobota
Sabtu

Četrtek
Kamis

Nedelja
Minggu

Včeraj
....
kemaren

Danes
....
hari ini

Jutri
....
besok

Jutro
....
pagi

Poldne
....
siang

Večer
....
malam

MO	TU	WE	TH	FR	SA	SU
1	2	3	4	5	6	7
8	9	10	11	12	13	14
15	16	17	18	19	20	21
22	23	24	25	26	27	28
29	30	31	1	2	3	4

Delovni dnevi
....
hari kerja

MO	TU	WE	TH	FR	SA	SU
1	2	3	4	5	6	7
8	9	10	11	12	13	14
15	16	17	18	19	20	21
22	23	24	25	26	27	28
29	30	31	1	2	3	4

Konec tedna
....
akhir minggu

Leto
tahun

Dež
hujan
Mavrica
pelangi
Veter
angin
Sneg
salju
Pomlad
musim semi
Jesen
musim gugur
Poletje
musim panas
Zima
musim dingin

4.APRIL 11°
5.APRIL 4°
6.APRIL 13°
7.APRIL 8°
8.APRIL 10°

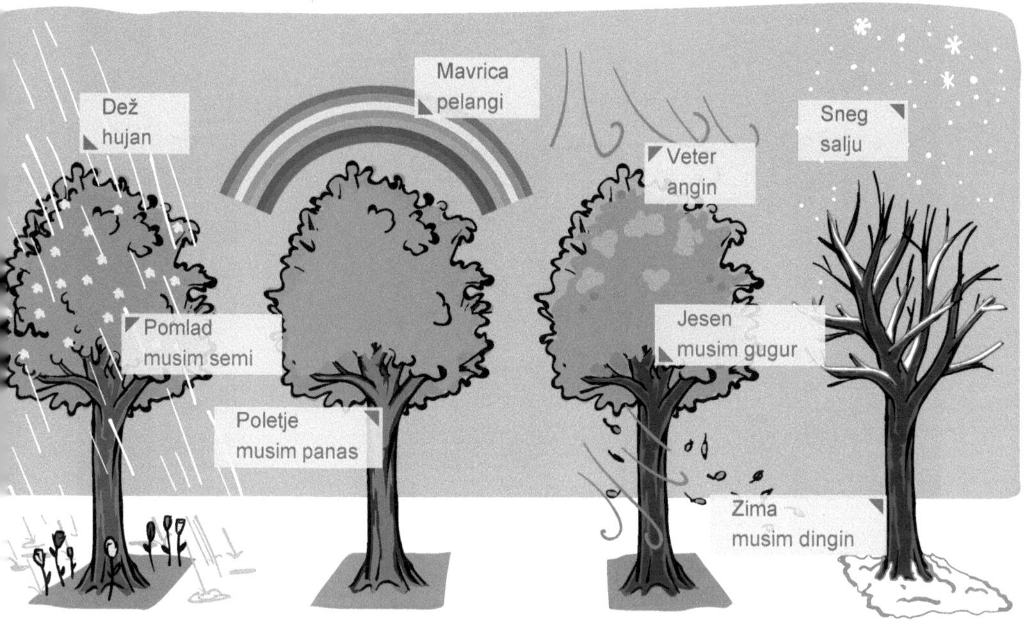

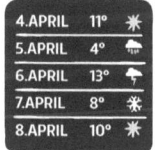

Vremenska napoved
....
ramalan cuaca

F C
120 40
90 30
60 20
30 10
0 0
-30 -10
-20

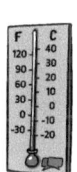

Termometer
....
termometer

Sončna svetloba
....
matahari

Oblak
....
awan

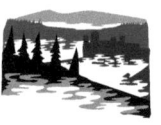

Megla
....
kabut

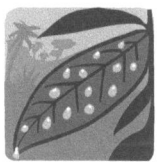

Vlažnost
....
kelembahan

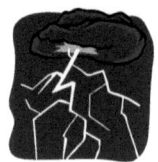

Strela
kilat

Grom
guntur

Nevihta
badai

Toča
hujan es

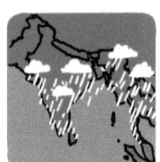

Monsun
monsun

Poplava
banjir

Led
es

Januar
Januari

Februar
Februari

Marec
Maret

April
April

Maj
Mei

Junij
Juni

Julij
Juli

Avgust
Agustus

Leto - tahun

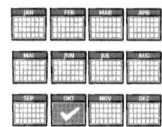

September
September

Oktober
Oktober

November
November

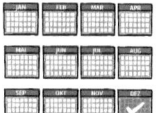

December
Desember

Oblike
bentuk

Krogla
lingkaran

Kvadrat
persegi

Pravokotnik
persegi panjang

Trikotnik
segi tiga

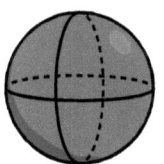

Krogla
bola

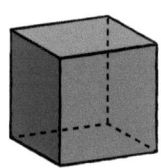

Kocka
kubus

Barve

warna-warna

Bela
....
putih

Rumena
....
kuning

Oranžna
....
oranye

Rožnata
....
pink

Rdeča
....
merah

Vijolična
....
ungu

Modra
....
biru

Zelena
....
hijau

Rjava
....
coklat

Siva
....
abu-abu

Črna
....
hitam

veliko / malo
banyak / sedikit

jezno / umirjeno
marah / tenang

lepo / grdo
cantik / jelek

začetek / konec
mulaih / selesai

veliko / majhno
besar / kecil

svetlo / temno
terang / gelap

brat / sestra
audara laki-laki / saudara
perempuan

čisto / umazano
bersih / kotor

popolno / nepopolno
lengkap / tidak lengkap

dan / noč
hari / malam

mrtvo / živo
mati / hidup

široko / ozko
luas / sempit

užitno / neužitno

dapat dimakan / tidak dapat dimakan

zlobno / prijazno

jahat / baik

vznemirjeno / zdolgočaseno

bersemangat / bosan

debelo / vitko

gemuk / kurus

prvo / zadnje

pertama / terakhir

prijatelj / sovražnik

teman / musuh

polno / prazno

penuh / kosong

trdo / mehko

keras / lembut

težko / lahko

berat / enteng

lakota / žeja

lapar / haus

bolano / zdravo

sakit / sehat

nezakonito / zakonito

ilegal / legal

pametno / neumno

cerdas / bodoh

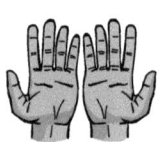

levo / desno

kiri / kanan

blizu / daleč

dekat / jauh

novo / rabljeno

baru / bekas

nič / nekaj

tidak ada apapun / sesuatu

staro / mlado

tua / muda

vklopljeno / izklopljeno

nyala / mati

odprto / zaprto

buka / tutup

tiho / glasno

tenang / keras

bogato / revno

kaya / miskin

prav / narobe

benar / salah

grobo / gladko

kasar / halus

žalostno / veselo

sedih / gembira

kratko / dolgo

pendek / panjang

počasi / hitro

pelan-pelan / cepat

mokro / suho

basah / kering

toplo / hladno

hangat / sejuk

vojna / mir

perang / damai

0	**1**	**2**
Ničla	Ena	Dva
nol	satu	dua

3	**4**	**5**
Tri	Štiri	Pet
tiga	empat	lima

6	**7**	**8**
Šest	Sedem	Osem
enam	tujuh	delapan

9	**10**	**11**
Devet	Deset	Enajst
sembilan	sepuluh	sebelas

12

Dvanajst

duabelas

13

Trinajst

tigabelas

14

Štirinajst

empatbelas

15

Petnajst

limabelas

16

Šestnajst

enambelas

17

Sedemnajst

tujuhbelas

18

Osemnajst

delapanbelas

19

Devetnajst

sembilanbelas

20

Dvajset

duapuluh

100

Sto

seratus

1.000

Tisoč

seribu

1.000.000

Milijon

juta

Angleščina

Inggris

Ameriška angleščina

bahasa Inggris Amerika

Mandarinščina

bahasa Cina Mandarin

Hindujščina

bahasa Hindi

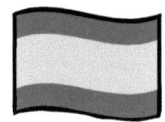

Španščina

bahasa Spanyol

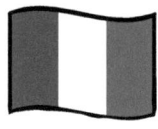

Francoščina

bahasa Perancis

Arabščina

bahasa Arab

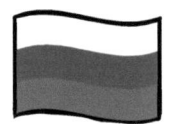

Ruščina

bahasa Rusia

Portugalščina

bahasa Portugis

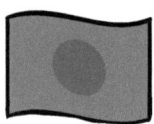

Bengalščina

bahasa Bengal

Nemščina

bahasa Jerman

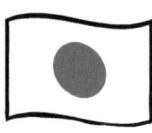

Japonščina

bahasa Jepang

Jaz

saya

Ti

kamu

On / ona / tisto

dia

Mi

kita

Vi

kalian

Oni

mereka

Kdo?

siapa?

Kaj?

apa?

Kako?

begaimana?

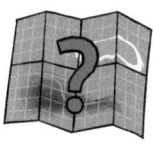

Kje?

dimana?

Kdaj?

kapan?

Ime

nama

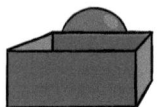

Zadaj

dibelakang

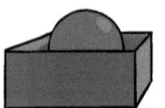

V

di

Pred

didepan

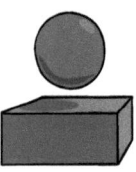

Nad

diatas

Na

diatas

Pod

dibawah

Poleg

sebelah

Med

di antara

Kraj

tempat